Bibliografische Information der Deutschen Nationalbibliothek:

Die Deutsche Bibliothek verzeichnet diese Publikation in der Deutschen National-
bibliografie; detaillierte bibliografische Daten sind im Internet über http://dnb.d-
nb.de/ abrufbar.

Impressum:

Copyright © 2008 GRIN Verlag, Open Publishing GmbH
Druck und Bindung: Books on Demand GmbH, Norderstedt Germany
ISBN: 9783640561810

Dieses Buch bei GRIN:

http://www.grin.com/de/e-book/145831/seminarunterlage-word-2003-tipps-und-
tricks

Michel Beger

Seminarunterlage Word 2003 Tipps und Tricks

GRIN Verlag

GRIN - Your knowledge has value

Der GRIN Verlag publiziert seit 1998 wissenschaftliche Arbeiten von Studenten, Hochschullehrern und anderen Akademikern als eBook und gedrucktes Buch. Die Verlagswebsite www.grin.com ist die ideale Plattform zur Veröffentlichung von Hausarbeiten, Abschlussarbeiten, wissenschaftlichen Aufsätzen, Dissertationen und Fachbüchern.

Besuchen Sie uns im Internet:

http://www.grin.com/

http://www.facebook.com/grincom

http://www.twitter.com/grin_com

Michel Beger

Seminarunterlage

Word 2003 Tipps & Tricks

1 Inhaltsverzeichnis

2 Symbolleisten anpassen

Um die Standard- und die Formatsymbolleiste anzuzeigen und um die Menüs immer vollständig anzuzeigen, gehen Sie folgendermaßen vor:

- Menü „Ansicht"

- Befehl „Symbolleisten"

- Unterbefehl „Anpassen"

- Setzen Sie die Haken bei „Standard- und Formatsymbolleiste in zwei Zeilen anzeigen" und bei „Menüs immer vollständig anzeigen".

- Bestätigen Sie mit „Schließen".

3   AutoTexte

AutoTexte sind Textbausteine, mit deren Hilfe Texte schnell immer wieder in Word reproduziert werden können.

3.1   AutoTexte in Word hinterlegen

- Text schreiben

- vollständig markieren

- Menü „Einfügen"

- Befehl „AutoText"

- Unterbefehl „Neu"

- Hier eine Kurzbezeichnung für den Autotext eingeben, die mindestens vier Zeichen lang ist.

- Bestätigen mit [Ok]

3.2   AutoTexte

Um die Textbausteine einzufügen, benötigen Sie die Kurzbezeichnung des AutoTextes.

- Kurzsbezeichnung schreiben

- In der Regel erscheint nach Eingabe des vierten Buchstabens eine gelbe Hilfsbox mit einer Vorschau auf den AutoText. Bestätigen Sie mit [Enter].

- Falls die Hilfsbox nicht erscheint: Betätigen Sie die F3-Taste.

Alternativ können Sie die AutoTexte auch einfügen über:

- Menü „Einfügen"

- Befehl „AutoText"

- Unterbefehl „Standard"

- Hier den gewünschten AutoText anklicken.

4   Wichtige Tastenkombinationen in Word

Tastenkombination	Auswirkung
Strg + Ende	Einfügemarke springt ans Ende des Dokuments
Strg + Pos1	Einfügemarke springt an den Anfang des Dokuments
Strg + s	speichern
Strg + o	öffnen
Strg + c	kopieren
Strg + x	ausschneiden
Strg + v	einfügen
Strg + z	letzten Befehl rückgängig machen
Strg + y	letzten Befehl wiederholen
Strg + a	alles markieren

5 Markierungstechniken

Wenn man einen Text verändern möchte, muss man vorher markieren!

Element	Vorgehensweise
beliebiger Bereich	klicken und ziehen
Wort	Doppelklick
Absatz	Dreifachklick im Text
Dokument	Menü Bearbeiten, Befehl „Alles markieren"
Dokument	Strg + a
Zeile	ein Klick in die Markierungsspalte (linker Seitenrand)
Satz	Strg-Taste und in den Satz klicken

6 Seite einrichten

Menü Seitenränder:

Hier werden Anstände oben, unter, rechts und links sowie der Abstand zu den Kopf und Fußbereichen eingestellt. Z. B. der Kopfbreich eines Geschäftsbriefes hat ein Logo mit der Höhe von 5 cm, so darf der zu beschriftende Bereich bei frühestens bei 6 cm anfangen, ansonsten würde die Schrift im Kopfteil beginnen.

Menü Papierformat:

Hier werden gemäß der Geschäftsvorgaben Papierformate eingestellt. FürDeutschland ist dieses in der Regel DIN A4, d.h. 21 cm in der Breite und 29,7 cm in der Höhe. Des weiteren kann die Ausrichtung des Papiers gewählt werden, in der Regel im Hochformat im Bedarfsfall z.B. für Präsentationen im Querformat.

Menü Papierzufuhr:

Sollte ein Drucker mehrere Papierformate oder Layouts bevorraten, so muß bevor der Druckauftrag gestartet und das entsprechende Papier ausgewählt werden z.B. Geschäftsbrief Seite 1.

Menü Seitenlayout:

Hier können noch spezielle Einstellungen getätigt werden, z.B. drucke zuerst alle ungeraden Seiten, füge Zeilennummern bei etc.

7 Seitenwechsel / Zeilenwechsel

7.1 Seitenwechsel

1. Möglichkeit: über die Tastenkombination [Strg] + [Return]

2. Möglichkeit: über das Menü Einfügen, Befehl Manueller Wechsel, Seitenwechsel, [Ok]

Ein fester Seitenwechsel kann (wie ein normales Zeichen) mit der Entf-Taste gelöscht werden.

7.2 Zeilenwechsel

Zeilenwechsel innerhalb eines Absatzes, wird z. B. bei Tabulatoren verwendet: [Umschalt] + [Return]

8   Text kopieren oder verschieben

8.1   Kopieren

1. markieren

2. doppeltes Blatt Papier (= Menü Bearbeiten, Befehl Kopieren) oder $\boxed{\text{STRG}}$ + $\boxed{\text{c}}$

3. ans Ziel gehen

4. einfügen mit dem Schreibbrett (= Menü Bearbeiten, Befehl Einfügen) oder $\boxed{\text{STRG}}$ + $\boxed{\text{v}}$

8.2 Ausschneiden

1. markieren

2. Schere (= Menü Bearbeiten, Befehl Ausschneiden) oder $\boxed{\text{STRG}}$ + $\boxed{\text{x}}$

3. ans Ziel gehen

4. einfügen mit dem Schreibbrett (= Menü Bearbeiten, Befehl Einfügen) oder $\boxed{\text{STRG}}$ + $\boxed{\text{v}}$

9 Zeichenformatierungen

9.1 Zeichenformate

Über das Menü Format, Befehl Zeichen, kann ich zusätzlich zur Schriftart, Schriftgröße, Schriftschnitt und Schriftfarbe folgende Formatierungen anwählen:

nur <u>Wörter</u> <u>unterstrichen</u>

<u>farbig</u> <u>unterstrichen</u>

~~Text durchgestrichen~~

Text hochgestellt, z.B. m^2 oder m^3

Text tiefgestellt, z.B. H_2O

schattierter Text

Outline, Gravur und Relief

KAPITÄLCHEN

NICHT KAPITÄLCHEN, SONDERN GROßBUCHSTABEN

Wenn Text nur am Bildschirm sichtbar sein soll, kann ich ihn mit Format, Zeichen, Ausgeblendet formatieren. Dann wird dieser Text nicht ausgedruckt, ist aber am Bildschirm sichtbar – allerdings nur dann, wenn ich die nichtdruckbaren Zeichen eingeschaltet habe. Der ausgeblendete Text wird durch eine dünne gepunktete Linie gekennzeichnet.

Als praktisches Beispiel bei wissenschaftlichen Texten: (sic!) wird geschrieben und verborgen formatiert, wenn ein Originaltext von der aktuellen deutschen Rechtschreibung abweicht und der Lektor des Verlages wissen soll, dass hier kein Tippfehler vorliegt.

9.2 Standardschrift einstellen

Über Format, Zeichen, kann man die Standardschrift einstellen.

Die gewünschte Schrift einstellen, dann links unten auf die Schaltfläche Standard klicken.

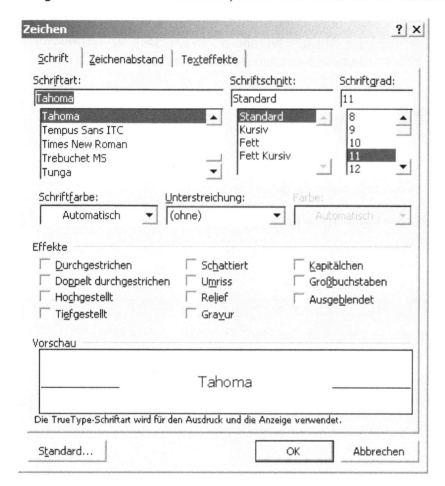

Die folgende Frage des Programms mit „Ja" beantworten:

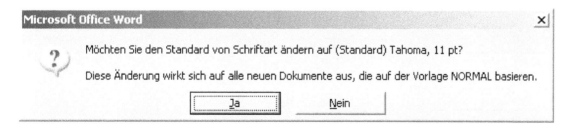

10 Absatzformatierung

10.1 Definition Absatz

Als Absatz erkennt Word den Text, der mit einer Absatzschaltung durch Drücken der Return-Taste beendet wird. Damit wird die Zeile umgebrochen, und ein neuer Absatz beginnt.

10.2 Merkregeln für Absatzformate

Wenn ich einen Absatz verändern möchte, muss ich in diesen klicken.

Wenn ich mehrere Absätze verändern möchte, muss ich diese markieren.

Absatzformate werden bei Betätigung der Returntaste mitgezogen!
Sie sind auf der Absatzmarke hinterlegt.

10.3 Absatzausrichtung

Die folgenden Absatzformatierungen wurden alle über das Menü [Format], Befehl [Absatz], Register Einzüge und Abstände erstellt.

Schaltflächen für die Absatzausrichtung gibt es auch auf der Format-Symbolleiste, hier kann man z.B. die Schaltfläche RECHTSBÜNDIG verwenden, um ein Datum rechtsbündig auszurichten.

10.3.1   Absatzausrichtung

linksbündig

zentriert

rechtsbündig

Dieser Absatz ist im Blocksatz geschrieben. Das heißt, die Worte werden auseinandergezogen, und die Wortzwischenräume angepasst, damit der Text im Absatz bündig zum linken und rechten Schreibrand steht.

10.3.2   Absatz - Linksbündig ausgerichtet

Die horizontale Ausrichtung der Absatzabstände zwischen den Seitenrändern ist eine der wichtigsten Funktionen der Absatzformate. Sie haben die Wahl zwischen einer linken, zentrierten und rechten Ausrichtung oder dem Blocksatz. In der Symbolleiste Formatierung können Sie diese Ausrichtung durch Anklicken der entsprechenden vier Schaltflächen neben dem Symbol für Unterstreichen vornehmen.

10.3.3   Absatz - Zentriert ausgerichtet

(für Überschriften sinnvoll)

Die horizontale Ausrichtung der Absatzabstände zwischen den Seitenrändern ist eine der wichtigsten Funktionen der Absatzformate. Sie haben die Wahl zwischen einer linken, zentrierten und rechten Ausrichtung oder dem Blocksatz. In der Symbolleiste Formatierung können Sie diese Ausrichtung durch Anklicken der entsprechenden vier Schaltflächen neben dem Symbol für Unterstreichen vornehmen.

10.3.4   Rechtsbündig ausgerichtet

(z.B. Briefdatum)

Die horizontale Ausrichtung der Absatzabstände zwischen den Seitenrändern ist eine der wichtigsten Funktionen der Absatzformate. Sie haben die Wahl zwischen einer linken, zentrierten und rechten Ausrichtung oder dem Blocksatz. In der Symbolleiste Formatierung können Sie diese Ausrichtung durch Anklicken der entsprechenden vier Schaltflächen neben dem Symbol für Unterstreichen vornehmen.

10.3.5   Blocksatz

(die Wortzwischenräume werden auseinandergezogen)

Die horizontale Ausrichtung der Absatzabstände zwischen den Seitenrändern ist eine der wichtigsten Funktionen der Absatzformate. Sie haben die Wahl zwischen einer linken, zentrierten und rechten Ausrichtung oder dem Blocksatz. In der Symbolleiste Formatierung können Sie diese Ausrichtung durch Anklicken der entsprechenden vier Schaltflächen neben dem Symbol für Unterstreichen vornehmen.

10.3.6   Rechter und linker Einzug (3 cm) + Blocksatz

(für Hervorhebungen)

> Die horizontale Ausrichtung der Absatzabstände zwischen den Seitenrändern ist eine der wichtigsten Funktionen der Absatzformate. Sie haben die Wahl zwischen einer linken, zentrierten und rechten Ausrichtung oder dem Blocksatz. In der Symbolleiste Formatierung können Sie diese Ausrichtung durch Anklicken der entsprechenden vier Schaltflächen neben dem Symbol für Unterstreichen vornehmen.

10.3.7   Linker Einzug (3 cm) + Blocksatz

> Die horizontale Ausrichtung der Absatzabstände zwischen den Seitenrändern ist eine der wichtigsten Funktionen der Absatzformate. Sie haben die Wahl zwischen einer linken, zentrierten und rechten Ausrichtung oder dem Blocksatz. In der Symbolleiste Formatierung können Sie diese Ausrichtung durch Anklicken der entsprechenden vier Schaltflächen neben dem Symbol für Unterstreichen vornehmen.

10.3.8   Rechter Einzug (3 cm) + Blocksatz

Die horizontale Ausrichtung der Absatzabstände zwischen den Seitenrändern ist eine der wichtigsten Funktionen der Absatzformate. Sie haben die Wahl zwischen einer linken, zentrierten und rechten Ausrichtung oder dem Blocksatz. In der Symbolleiste Formatierung können Sie diese Ausrichtung durch Anklicken der entsprechenden vier Schaltflächen neben dem Symbol für Unterstreichen vornehmen.

10.3.9   Erstzeileneinzug + Blocksatz

(für lange Texte – Berichte, Bücher, etc.)

    Die horizontale Ausrichtung der Absatzabstände zwischen den Seitenrändern ist eine der wichtigsten Funktionen der Absatzformate. Sie haben die Wahl zwischen einer linken, zentrierten und rechten Ausrichtung oder dem Blocksatz. In der Symbolleiste Formatierung können Sie diese Ausrichtung durch Anklicken der entsprechenden vier Schaltflächen neben dem Symbol für Unterstreichen vornehmen.

10.3.10   Hängender Einzug

(für lange Texte – Berichte, Bücher, etc.)

Die horizontale Ausrichtung der Absatzabstände zwischen den Seitenrändern ist eine der wichtigsten Funktionen der Absatzformate. Sie haben die Wahl zwischen einer linken, zentrierten und rechten Ausrichtung oder dem Blocksatz. In der Symbolleiste Formatierung können Sie diese Ausrichtung durch Anklicken der entsprechenden vier Schaltflächen neben dem Symbol für Unterstreichen vornehmen.

10.3.11   1,5 Zeilen Zeilenabstand

Die horizontale Ausrichtung der Absatzabstände zwischen den Seitenrändern ist eine der wichtigsten Funktionen der Absatzformate. Sie haben die Wahl zwischen einer linken, zentrierten und rechten Ausrichtung oder dem Blocksatz. In der Symbolleiste Formatierung können Sie diese Ausrichtung durch Anklicken der entsprechenden vier Schaltflächen neben dem Symbol für Unterstreichen vornehmen.

10.3.12   Doppelter Zeilenabstand

Die horizontale Ausrichtung der Absatzabstände zwischen den Seitenrändern ist eine der

wichtigsten Funktionen der Absatzformate. Sie haben die Wahl zwischen einer linken, zentrierten

und rechten Ausrichtung oder dem Blocksatz. In der Symbolleiste Formatierung können Sie diese

Ausrichtung durch Anklicken der entsprechenden vier Schaltflächen neben dem Symbol für

Unterstreichen vornehmen.

10.3.13   Rechter und linker Einzug 2,5 cm, Blocksatz, 1,5 Zeilen Zeilenabstand, roter doppelter Rahmen links und rechts

Die horizontale Ausrichtung der Absatzabstände zwischen den Seitenrändern ist eine der wichtigsten Funktionen der Absatzformate. Sie haben die Wahl zwischen einer linken, zentrierten und rechten Ausrichtung oder dem Blocksatz. In der Symbolleiste Formatierung können Sie diese Ausrichtung durch Anklicken der entsprechenden vier Schaltflächen neben dem Symbol für Unterstreichen vornehmen.

10.4 Rahmen und Schattierungen

10.4.1   Absatzformate: Rahmenlinien

- gewünschte Absätze markieren

- Menü Format, Befehl Rahmen und Schattierung

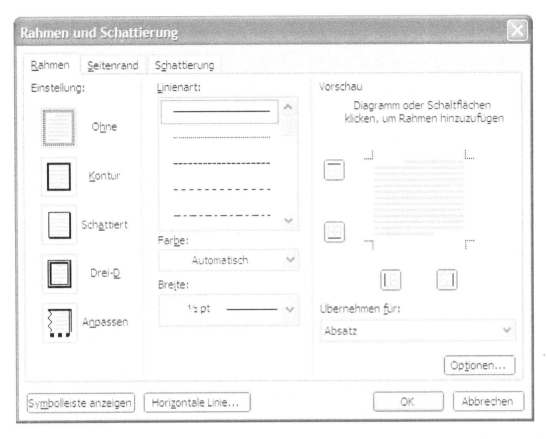

🖱 auf der linken Seite den gewünschten Rahmen aussuchen (Kontur, Schatten, 3-D, Angepasst)

🖱 in der Mitte die gewünschte Rahmenlinie, Rahmenfarbe und –breite aussuchen

🖱 auf der rechten Seite die Vorschau kontrollieren

🖱 Ok

Wenn ich dem Rahmen nicht rauskomme, weil ich keine Absatzmarke unterhalb des Rahmens habe:

🖱 hinter den letzten Text im Rahmen klicken

🖱 mit Return 2-3 Absätze erzeugen

🖱 diese 2-3 Absätze markieren

🖱 Menü Format, Befehl Rahmen und Schattierung, links oben „Ohne" anwählen, [Ok]

10.4.2   Anzeigen mit Absatzformaten gestalten

> Freundliche, einsatzbereite
>
> **Krankenschwester**
>
> oder
>
> **Arzthelferin**
>
> ganztags für chirurgische Praxis zum frühestmöglichen Zeitpunkt gesucht.
>
> Dr. Helmut Griem
>
> Badstr.4, 70123 Stuttgart
>
> ☎ 0711/123456 von 19-20 Uhr

Vorgehensweise:

- die Anzeige als Fließtext schreiben

- zuerst die Absatzformate anwenden, die die gesamte Anzeige betreffen: Rahmenlinien und rechter Einzug

- dazu die Einfügemarke in den einen Absatz setzen und über Format, Rahmen und Schattierung die Rahmenlinie, über Format, Absatz den rechten Einzug (9,5 cm) erzeugen

- dann die Absatzmarken an den notwendigen Stellen erzeugen: immer die Einfügemarke an die gewünschte Stelle setzen und mit Return einen Absatz erzeugen

- Absatzausrichtung (d.h. zentriert und Blocksatz) anwenden

- den Text markieren und die Schriftart auf Arial ändern

- zum Schluss den 1,5-zeiligen Zeilenabstand hinter „Freundliche..." und „Arzthelferin" über Format, Absatz anwenden

10.5 Absätze wieder auf „Normal" zurücksetzen

Mit der Tastenkombination Strg + Shift + n kann ich den zuvor markierten Text wieder auf „normal" zurücksetzen, d.h. der Text nimmt wieder die Formatierungen der Formatvorlage Standard an (siehe Kapitel „Formatvorlagen").

10.6 Automatische Nummerierungen und Aufzählungszeichen

Wenn ich während der Texteingabe eine Nummerierung benutzen möchte, muss ich eine Zahl (1), ein Trennzeichen (.) und eine Leerstelle eingeben. Beim Schreiben der Liste kommt dann bei jedem Betätigen der Returntaste die neue Nummer. Bei zweimaligen Betätigen der Returntaste hört die Nummerierung auf.

10.7 Nummerierung anpassen

Ich kann eine der Standardnummerierungen auf meine Bedürfnisse anpassen, z.B. Top 1, Top 2, usw.

Vorteile: Falls ich Absätze einfügen muss, wird auf diese Weise die Nummerierung automatisch angepasst. Die Aufzählung sieht auch am Bildschirm professionell aus, nicht nur auf dem Ausdruck.

Vorgehensweise:

- gewünschten Text markieren

- Menü Format, Befehl Nummerierung und Aufzählung, Register Nummerierung.

- Dort wähle ich eine Nummerierungsart an und klicke auf Anpassen.

- Oben links im Eingabefeld bei Nummerierungsformat lösche ich alles. Ich schreibe den gewünschten Text, z. B. TOP.

- Dann wähle ich die Nummerierungsformatvorlage an, und klicke auf die gewünschte Nummerierung.

- Nummernposition: Links anwählen, 0 cm anwählen

- Textposition: gewünschtes Maß eingeben, an der Vorschau orientieren

- Ok.

Problem: Word macht mit den Nummerierungen, was es will.

Lösung: I hatte nicht markiert! Unbedingt ans Markieren denken!

Problem: Nummerierung beginnt in der ersten Zeile eines Dokuments. Es soll eine Überschrift darüber geschrieben werden.

Lösung: Mit [Strg] + [Pos1] gehe ich an die erste Position im Dokument und erzeuge mit der Returntaste einen neuen Absatz. Dann klicke ich in diesen Absatz und schalte mit der Schaltfläche Nummerierung (Format-Symbolleiste) die Nummerierung aus.

10.8 Tabulatoren

10.8.1   Allgemeines Vorgehen

🖱 Tabulatoren sind eine Möglichkeit, Text bündig zu einer cm-Position auszurichten. Es gibt linksbündige, zentrierte, rechtsbündige oder dezimale Tabulatoren.

🖱 Einen Tabulator richte ich mit dem Menü Format, Befehl Tabulator ein. Dazu muss ich immer die Position, die Ausrichtung und die Füllzeichen anwählen, dann setze ich den Tabulator mit der Schaltfläche „Festlegen". So setze ich alle Tabulatoren einer Liste und bestätige erst zum Schluss mit [Ok].

- Dann schreibe ich im Dokument meinen Text. Immer, wenn ich auf eine Tabulatorposition springen möchte, löse ich den Tabulator mit der Tab-Taste auf der Tastatur aus.

- Mit Hilfe des Lineals kann ich schnell Tabulatoren verschieben (durch klicken und ziehen), löschen (nach unten aus dem Lineal ziehen) und neue setzen (an die gewünschte Position im Lineal klicken).

10.8.2 Tipps zu Tabulatoren

- wichtig: ich muss immer exakt markieren!

- D.h. wenn ich **mehrere Absätze** verändern möchte, muss ich diese unbedingt **markieren**. Ich sollte <u>genau</u> den Bereich markieren, in dem ich meine Tabulatoren gesetzt habe, d.h. nicht zuviel, aber auch nicht zu wenig.

- Wenn ich nur **einen Absatz** verändern möchte, genügt es, wenn ich in diesen **klicke**!

10.8.3 Beispiel

Programm	Termin	Endung	Thema
Word--------------------	KW 21_____	*.doc	Tabellen
Excel---------------------	KW 22_____	*.xls	Bilanzen
PowerPoint -------------	KW 23_____	*.ppt...........................	Präsentation
Access -------------------	KW 24_____	*.mdb	Datenbank

10.8.4 Weiche Zeilenschaltung bei Tabulatoren

- Mit einer sog. „weichen" Zeilenschaltung kann ich neue Zeilen <u>innerhalb</u> eines Absatzes erzeugen.

- Eine Zeilenschaltung innerhalb eines Absatzes erzeuge ich mit der Tastenkombination Shift + Return.

- <u>Ich achte darauf</u>, bei Tabulatoren nur weiche Zeilenschaltungen mit der Tastenkombination Shift + Return zu machen.

- Dann muss ich nichts markieren, sondern nur in die Liste klicken und kann dann mit Format, Tabstopp die Tabulatoren verändern. Ergebnis: die gesamte Liste ändert sich.

11 Bilder

11.1 Bilder einfügen

- ⌐ Menü „Einfügen"
- ⌐ Befehl „Grafik"
- ⌐ Unterbefehl „Aus Datei"
- ⌐ Bilddatei suchen und anklicken.
- ⌐ Schaltfläche „Einfügen"

11.2 Bilder in der Größe verändern

Bild an einer Ecke anklicken und ziehen

12   Tabellen

Tabellen bestehen aus Spalten und Zeilen.

▶ eine Zeile geht von links nach rechts

▶ eine Spalte geht von oben nach unten

12.1 Tabelle einfügen (= Tabelle erstellen)

Eine Tabelle füge ich an der aktuellen Position der Einfügemarke mit dem Menü Tabelle, Befehl Zellen einfügen, dort im Untermenü der Befehl Tabelle, ein. Ich werde nach der Anzahl der Spalten und Zeilen gefragt. Die Spaltenanzahl sollte ich korrekt eingeben. Neue Zeilen kann ich mit Hilfe der Tabulatortaste, mit der ich von Zelle zu Zelle springe, einfach erstellen. Eine Tabelle wird standardmäßig über die gesamte Seitenbreite (d.h. 16 cm) erstellt.

🖱 an die gewünschte Stelle im Dokument klicken

🖱 Menü Tabelle

🖱 Befehl Zellen einfügen

🖱 Untermenü → Befehl Tabelle

🖱 Spalten- und Zeilenanzahl eingeben

🖱 Text eingeben, mit Hilfe der Tabulatortaste kann ich von Zelle zu Zelle in der Tabelle springen.

Alternativ:

Schaltfläche Tabelle einfügen auf der Standard-Symbolleiste, dort mit klicken und ziehen die gewünschte Spalten- und Zeilenanzahl angeben.

hier klicken,

dann über die Felder klicken und ziehen, bis die gewünschte Tabellengröße erreicht ist

(im Beispiel: 4 Spalten, 4 Zeilen)

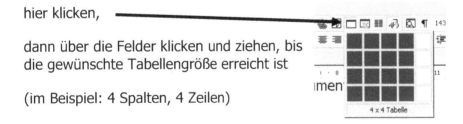

12.2 Zeichenformatierungen, Absatzformatierung

Alle Zeichen- und Absatzformate können in Tabellen angewandt werden.

12.3 Zeilen einfügen

Die Einfügemarke unter oder über die gewünschte Position in der Tabelle setzen. Dann Menü Tabelle, Befehl Zellen einfügen und im Untermenü das gewünschte Element, z.B. Zeile nach unten, auswählen.

12.4 Tabellen und Rahmen-Symbolleiste einblenden

✍ Menü Ansicht

✍ Befehl Symbolleisten

✍ Untermenü ➜ Tabellen und Rahmen anklicken

12.5 Zellen verbinden (aus mehreren Zellen eine große Zelle machen)

Die gewünschten Zellen markieren, dann Menü Tabelle, Befehl Zellen verbinden anwählen.

Alternativ: Tabellensymbolleiste, Schaltfläche Zellen verbinden

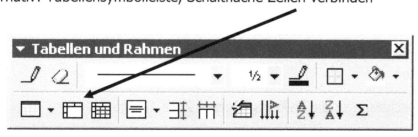

12.6 Text in der Zelle ausrichten

Auf der Symbolleiste gibt es die Schaltfläche „... ausrichten".

Den gewünschten Bereich in der Tabelle markieren und dann die gewünschte Ausrichtung, z.B. Mitte, anwählen.

12.7 Textrichtung ändern

Ich kann Text in der Tabellenzelle kippen. Dazu den gewünschten Bereich in der Tabelle markieren und auf die Schaltfläche „Textrichtung ändern" auf der Tabellen und Rahmen-Symbolleiste klicken.

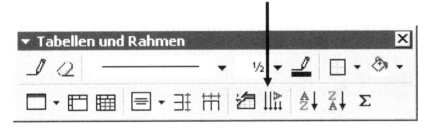

Der Text kann in verschiedene Richtungen gekippt werden!

12.8 Zeilenhöhe und Spaltenbreite ändern

- ☞ zuerst gewünschten Bereich in der Tabelle markieren

- ☞ Menü Tabelle

- ☞ Befehl Tabelleneigenschaften

- ☞ dort ins richtige Register wechseln (für die Zeile ins Register Zeile, für die Spalte ins Register Spalte)

- ☞ das gewünschte cm-Maß eingeben

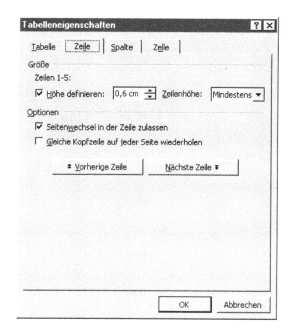

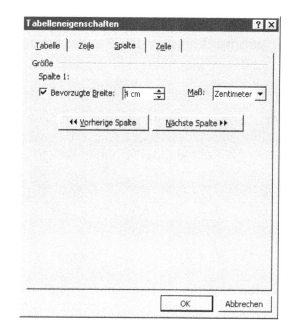

Einstellungen für Zeilenhöhe   Einstellungen für Spaltenbreite

2. Möglichkeit: an die linke obere Ecke einer Tabelle mit dem Mauszeiger fahren, dort auf das erscheinende Quadrat mit Vierfachpfeil doppelklicken.

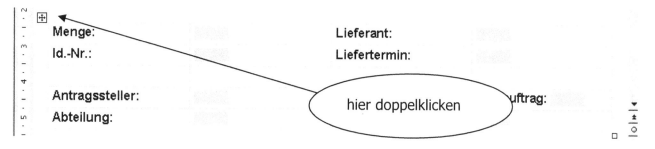

3. Möglichkeit: in der Seiten-Layoutansicht können die Zeilenhöhen und Spaltenbreiten auch mit klicken und ziehen geändert werden. Dazu direkt auf eine Spaltenlinie zeigen, klicken und in die gewünschte Position ziehen.

12.9 Rahmenlinien in der Tabelle verändern

🖰 zuerst die gesamte Tabelle markieren.

🖰 Menü Format, Befehl Rahmen und Schattierung.

🖰 Register Rahmen, dort Ohne anklicken und mit OK bestätigen. (1)

🖰 Dann in der Tabelle den gewünschten Teilbereich markieren.

🖰 Wieder Menü Format, Befehl Rahmen und Schattierung.

🖰 Dort in der Mitte der Dialogbox die gewünschte Linienart, -farbe und –breite auswählen. (2)

🖰 Auf der rechten Seite in der Vorschau die gewünschten Linien durch Klicken setzen. Falls eine Linie zuviel gesetzt wurde, nochmals auf die Linie klicken. (3)

🖰 Zum Schluß mit OK bestätigen.

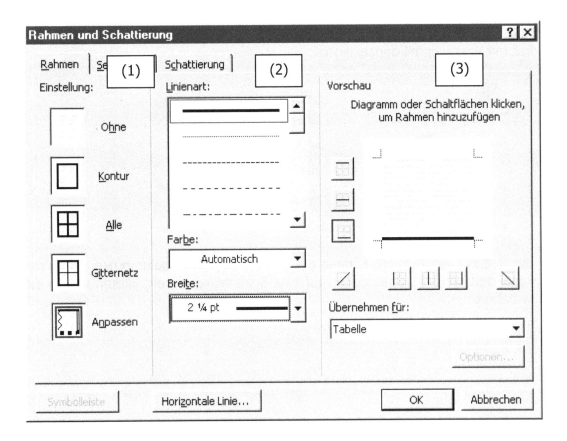

Schnellere Möglichkeit:
Rahmenlinien mit der Tabellen- und Rahmen-Symbolleiste ändern

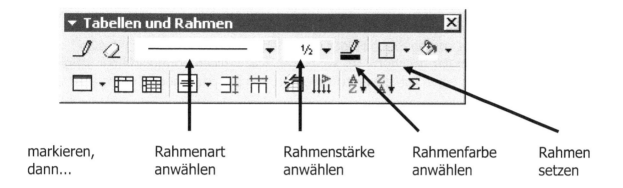

| markieren, dann... | Rahmenart anwählen | Rahmenstärke anwählen | Rahmenfarbe anwählen | Rahmen setzen |

12.10 Spalten, Zeilen oder Zellen löschen

Den gewünschten Bereich markieren. Dann Menü Tabelle, Befehl Löschen, im Untermenü auswählen, z.B. Zeile, und anklicken.

12.11 Problembekämpfung

⚯ Um mit dem Menü Tabelle in einer Tabelle arbeiten zu können, muss die Einfügemarke in der Tabelle stehen. Wenn ich in der Tabelle arbeiten möchte und der Menüpunkt Tabelle ist größtenteils inaktiv, steht die Einfügemarke auch nicht in der Tabelle!

⚯ Die Spaltenbreite kann ich durch klicken und ziehen verändern: ich sollte dabei auf die Spaltenbegrenzungslinien zeigen und klicken und ziehen. Wichtig: entweder die gesamte Spalte markieren oder nichts in der Tabelle markieren. Sobald ich nur eine Zelle markiere, verändert Word nur die Breite dieser Zelle.

13   Formulare in Word

Was sind Formularfelder?

In Formularen kann Text nur in vorgegebene Felder geschrieben werden, diese nennt man Formularfelder. Wenn das Formular geschützt ist, kann man nur in diese Formularfelder schreiben. Formulare sollten am besten in einer Tabelle erstellt werden, um ein passendes Grundgerüst zu haben.

13.1 Formularsymbolleiste einblenden

Formularfelder lassen sich nur mit der Formular-Symbolleiste einfügen. Hierzu muss ich diese über Ansicht, Symbolleisten, Formular einblenden.

13.2 Arten von Formularfeldern

Textformularfeld: hier kann ich beliebigen Text eingeben.

Kontrollkästchen-Formularfeld: hier kann ich ein Kästchen ankreuzen.

Dropdown-Formularfeld: hier kann ich auf eine vorgegebene Auswahl von Texten zugreifen. Eine eigene Eingabe ist nicht möglich.

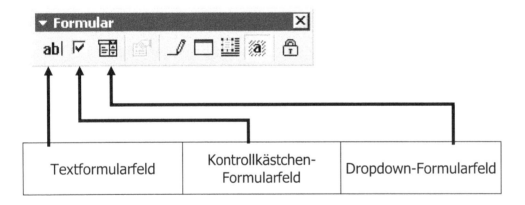

13.3 Textformularfeld

▶ wird durch die Schaltfläche ab| eingefügt

▶ durch einen Doppelklick auf ein Textformularfeld kann ich einen Vorgabetext eingeben, damit ich weiß, welcher Text in das Feld eingefügt werden soll (z.B. Vorname, Nachname, etc.).

▶ Ich kann auch einen Hilfetext hinzufügen, der bei abgeschlossenem Formular in der Statusleiste erscheint. Hierzu klicke ich bei dem Dialogfenster Optionen auf „Hilfetext hinzufügen" und gebe den gewünschten Text ein (z.B. „Bitte geben Sie den Vornamen des Teilnehmers ein.").

13.4 Dropdown-Formularfeld

▶ wird durch die dritte Schaltfläche von links auf der Formularsymbolleiste eingefügt.

▶ durch einen Doppelklick auf ein Dropdown-Formularfeld kann ich den Inhalt der Textauswahl selbst bestimmten. Hierzu gebe ich den gewünschten Text bei Dropdownelement ein und übernehme diesen mit der Schaltfläche „Hinzufügen" in die Auswahlliste.

▶ Ein Dropdown-Formularfeld zeigt mir in ungeschütztem Zustand den ersten Eintrag der Liste. Wenn das Formular geschützt ist, kann ich aus dieser Liste auswählen

13.5 Formular schützen

▶ Ein Formular schütze ich mit der Schaltfläche „Vorhängeschloss" auf der Formular-Symbolleiste.

▶ In geschütztem Zustand kann ich ein Formular ausfüllen.

▪ Aber Vorsicht: wenn ich den Schutz aufhebe und dann wieder aktiviere, sind alle Eintragungen in die Formularfelder verloren!

▶ Mit der Tab-Taste bewege ich mich durch ein geschütztes Formular und kann die Formularfelder ausfüllen. In die Textfelder kann ich ganz normal schreiben, bei den Dropdownfeldern kann ich auswählen (über die Tastatur: Alt + ↓) und die Kontrollkästchen kann ich ankreuzen (über die Tastatur: Leertaste).

13.6 Formular als Vorlage speichern

Ich sollte ein Formular als Vorlage speichern, damit im Original keine Eintragungen gemacht werden, sondern nur in den einzelnen Dokumenten. Dazu muss ich über Datei, Speichern unter, beim Dateityp Dokumentvorlage anwählen.

13.7 Formular abschließen und als Vorlage speichern, dann benutzen

1. das Formular fertig stellen (es sollten möglichst keine Fehler mehr enthalten sein!)

2. das Formular abschließen

3. das Formular zur Sicherheit einmal als Dokument speichern

4. das Formular als Vorlage speichern: Datei, Speichern unter, dort den Dateityp auf Dokumentvorlage ändern und einen gewünschten Dateinamen eingeben (Hinweis: Word bringt mich automatisch in den richtigen Pfad für die Vorlagen!)

5. Nun bin ich in der Original-Vorlage, diese schließe ich am besten sofort!

6. Datei, Neu, dort kann ich mein Formular benutzen, indem ich es anwähle und mit OK bestätige

7. Jetzt habe ich eine neue Datei erhalten, die ich mit der Tab-Taste ausfüllen kann.

13.8 Textmarken in Formularfeldern

Formularfelder von Word 2000 arbeiten mit Textmarken. Jedes eingefügte Formularfeld erhätl automatisch eine Textmarke zugewiesen. Über dieses Element kann das Feld angesprochen und sein Inhalt in anderen Formularfeldern verwendet werden.

Ebenso günstig ist es, Inhalte im Dokument als Textmarke zu definieren und so für die Formeln in den Formularfeldern aufzubereiten.

14 Felder

14.1 Tastenkombinationen für Felder

Tastenkombination	Einzufügendes Feld
ALT+UMSCHALT+D	DATE-Feld
ALT+STRG+L	LISTNUM-Feld
ALT+UMSCHALT+P	PAGE-Feld
ALT+UMSCHALT+T	TIME-Feld
STRG+F9	Leeres Feld

Taste(nkombination)	Zweck
STRG+UMSCHALT+F7	Verknüpfte Daten in einem Word-Quelldokument aktualisieren
F9	Markierte Felder aktualisieren
STRG+UMSCHALT+F9	Feldverknüpfung aufheben
UMSCHALT+F9	Zwischen der Feldfunktion und dem Ergebnis wechseln
ALT+F9	Zwischen allen Feldfunktionen und den Ergebnissen wechseln
ALT+UMSCHALT+F9	Ausführen einer GOTOBUTTON- oder MACROBUTTON vom Feld mit den Feldergebnissen aus
F11	Wechseln zum nächsten Feld
UMSCHALT+F11	Wechseln zum vorherigen Feld
STRG+F11	Sperren eins Feldes
STRG+UMSCHALT+F11	Freigeben eines Feldes

14.2 Felder immer aktualisieren

Es gibt 3 Möglichkeiten, ein Feld zu aktualisieren:

▶ in das einzelne Feld klicken und die Funktionstaste F9 drücken

▶ die Datei speichern, schließen und wieder öffnen

▶ beim Drucken automatisch aktualisieren (funktioniert nur, wenn bei Extras, Optionen, Drucken ein Haken ist bei "Felder aktualisieren" und bei "Verknüpfungen aktualisieren")

Ich sollte bei der Arbeit Feldern immer darauf achten, dass die Einstellungen bei Extras, Optionen, Drucken vorhanden sind: hier <u>muss</u> ein Haken sein bei "Felder aktualisieren" und bei "Verknüpfungen aktualisieren"!

14.3 Seitenzahlen einfügen

🖱 Menü Einfügen

🖱 Befehl Seitenzahlen

🖱 OK

🖱 Aber Achtung: ich kann meine Seitenzahlen nur in der Seitenlayout-Ansicht sehen!

2. Möglichkeit: Menü Einfügen, Befehl Feld, Kategorie Alle, Feld *Page*.

3. Möglichkeit: Kopf- und Fußzeilen-Symbolleiste, Schaltfläche Seitenzahl einfügen.

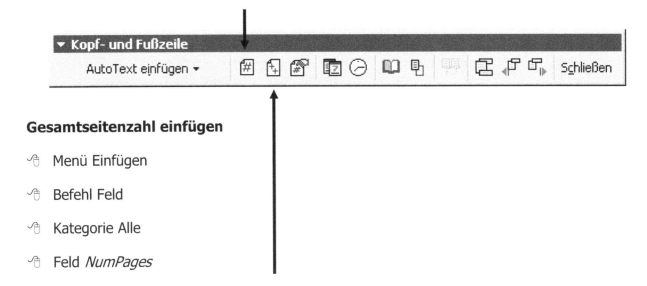

Gesamtseitenzahl einfügen

🖱 Menü Einfügen

🖱 Befehl Feld

🖱 Kategorie Alle

🖱 Feld *NumPages*

2. Möglichkeit: Kopf- und Fußzeilen-Symbolleiste, Schaltfläche Anzahl der Seiten einfügen.

14.4 Datumsfelder einfügen

🖱 Menü Einfügen

- Befehl Feld

- Kategorie Datum und Uhrzeit

- Feld auswählen

- mit der Schaltfläche Optionen können noch Formatierungsoptionen hinzugefügt werden

Datumsfelder:

Date	das jeweils aktuelle Tagesdatum
CreateDate	Erstelldatum
PrintDate	Datum, an dem das Dokument zu letzten Mal gedruckt wurde
SaveDate	Datum, an dem das Dokument zu letzten Mal gespeichert wurde

14.5 Fill-in Feld

Soll in einer Dokumentvorlage bei Bedarf zum Beispiel ein Verteiler oder eine Überschrift eingefügt werden, so empfiehlt es sich Fill-in Felder anzulegen.

Dann wird spätestens vor dem Drucken abgefragt, was im konkreten Fall im Fill-in Feld stehen soll.

Vorgehensweise:

- Menü Einfügen

- Feld

- hier Alle oder Seriendruck anwählen (linke Seite)

- Fill-in-Felc anwählen

14.6 Verweis auf Formatvorlagen[1]

Ich kann einen Verweis auf den Textinhalt einer Formatvorlage in die Kopfzeile einfügen. Dann weiß ich beim Lesen eines großen Dokuments immer, in welchem Hauptkapitel ich bin.

- in die Kopfzeile gehen (Ansicht, Kopf- und Fußzeile)

- an die gewünschte Stelle gehen

---

[1] Beim Erstellen darauf achten, an der richtigen Position im Dokument zu sein.

🖰 Menü Einfügen, Befehl Feld, Kategorie Verknüpfungen und Verweise

🖰 dort das Feld FVRef anwählen

🖰 Schaltfläche Optionen

🖰 Register Formatvorlagen, dort suche ich die Formatvorlage Überschrift 1 und klicke auf Hinzufügen

🖰 beide Dialogboxen mit OK verlassen

🖰 Ergebnis: an der gewünschten Position erscheint immer die dazugehörige Überschrift 1

14.7 Querverweis = Ref-Feld

Einen Querverweis auf ein Feld kann erstellt werden, wenn dieses Feld über eine Textmarke identifizierbar ist.

Dann kann über

🖰 das Menü Einfügen

🖰 Befehl Querverweis

🖰 der Verweistyp auf Textmarke gewählt werden

🖰 und auf den Textmarkeninhalt verwiesen werden

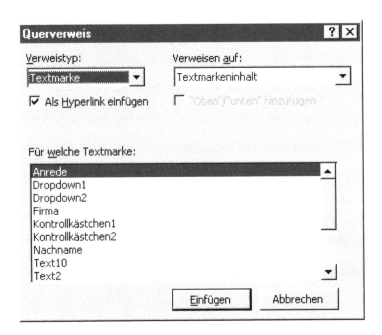

Zur Vergabe von Textmarken in Formularen siehe oben Kap. 13.8 Textmarken in Formularfeldern.

14.8 Wenn-Feld

Beispiel:

Im Fax-Formular soll im Anschreiben die Person aus den Feldern An / to: automatisch mit Namen angesprochen werden.

Falls kein Ansprechpartner vorhanden ist, soll die Anrede *Sehr geehrte Damen und Herren* erscheinen, falls ein Herr angesprochen wird, soll *Sehr geehrter Herr X*, bei einer Dame *Sehr geehrte Frau X* geschrieben werden.

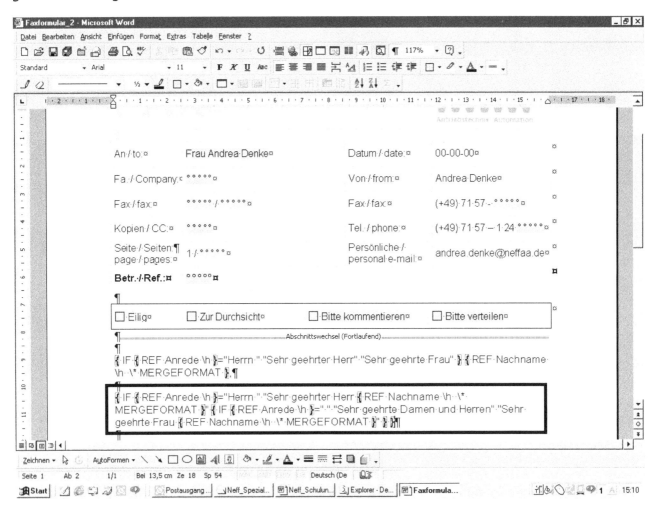

Hierzu müssen mehrere Felder (Querverweise und wenn-Felder) ineinander geschachtelt werden. Vorbedingung: in den Formularfeldern mußten zunächst Textmarken vergeben werden.

Vorgehensweise:

🖱 Querverweis für den Nachnamen der Person erstellen

🖱 diesen markieren und mit Shift + F9 in den Feldmodus umschalten

🖱 ausschneiden

🖱 eine wenn-Funktion erstellen, am besten wird diese Funktion geschrieben: Strg + F9, um ein Feld zu erzeugen, dann IF schreiben

🖱 dann ein weiteres Feld erzeugen mit Strg + F9, hier REF schreiben, dann den Namen des Anrede-Dropdownfeldes (in unserem Beispiel ist dies *Anrede*) schreiben

🖱 hinter die geschweifte Klammer des REF-Feldes klicken, dann kommt der Vergleich ➔ ="*Herrn*" schreiben ➔ Leerstelle ➔ "*Sehr geehrter Herr* schreiben ➔ mit Strg + v den ausgeschnittenen Querverweis einfügen ➔ " schreiben

🖱 nun ein weiteres Feld erzeugen mit Strg + F9, hier IF schreiben

🖱 nochmals ein weiteres Feld erzeugen mit Strg + F9, hier REF schreiben, dann den Namen des Anrede-Dropdownfeldes (in unserem Beispiel ist dies *Anrede*) schreiben

🖱 hinter die geschweifte Klammer des REF-Feldes klicken, nun kommt der zweite Vergleich ➔ =" " schreiben ➔ Leerstelle ➔ "*Sehr geehrte Damen und Herren*" schreiben ➔ Leerstelle ➔ "*Sehr geehrte Frau* schreiben ➔ mit Strg + v den ausgeschnittenen Querverweis einfügen ➔ " schreiben

🖱 nun sind Sie mit der Felderstellung fertig

🖱 markieren Sie das Feld

🖱 schalten Sie mit Shift + F9 in den Anzeigemodus um

🖱 aktualisieren Sie das Feld mit F9

www.ingramcontent.com/pod-product-compliance
Lightning Source LLC
Chambersburg PA
CBHW081227050326
40689CB00017B/3705